¿Cómo

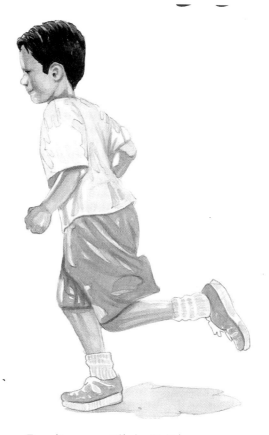

Escrito por Silvia T. Diez
y Aida F. Fernández
Ilustrado por Michael Ramírez

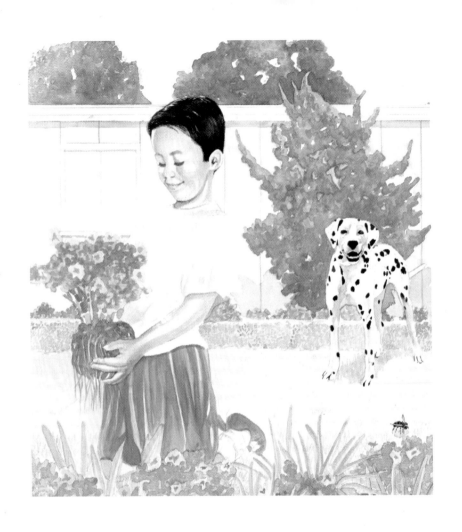

Así como una abeja.

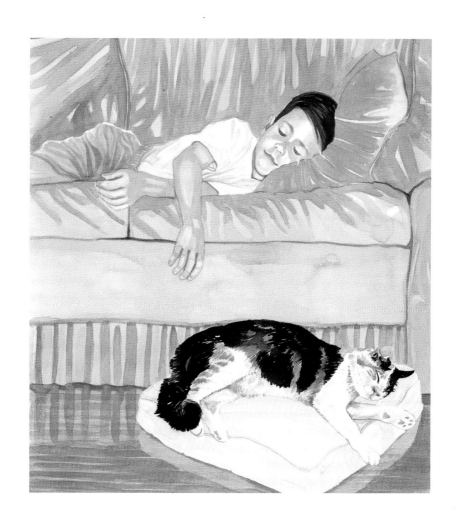

Así como un gato.

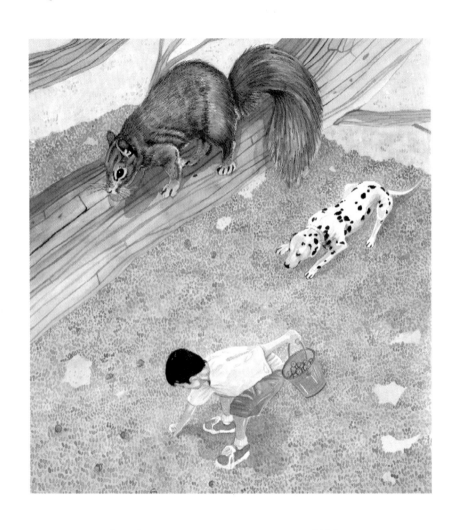

Así como una ardilla.

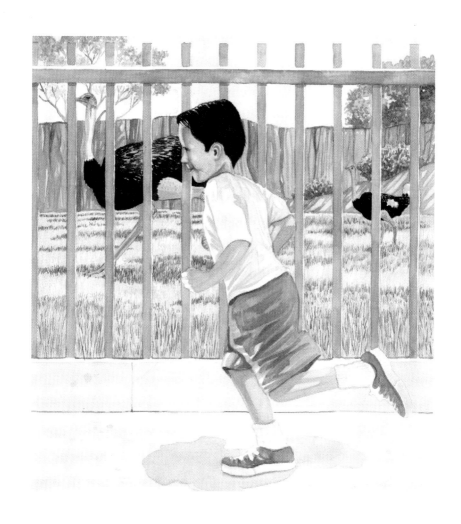

Así como un avestruz.

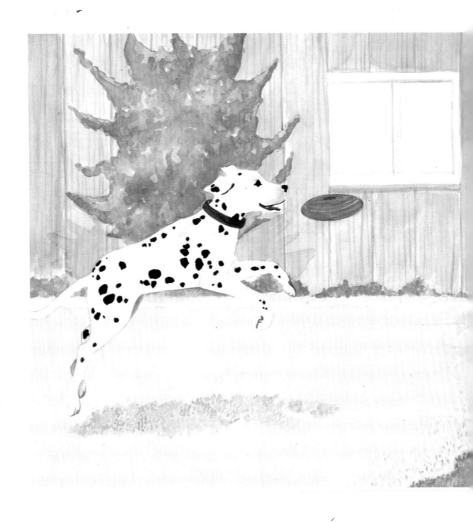

Así como un amigo...

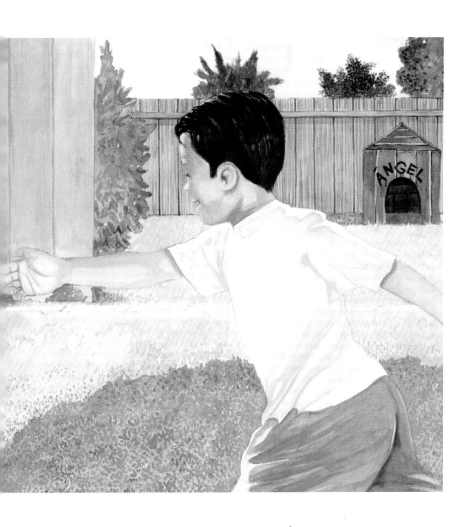

—mi amigo Ángel.

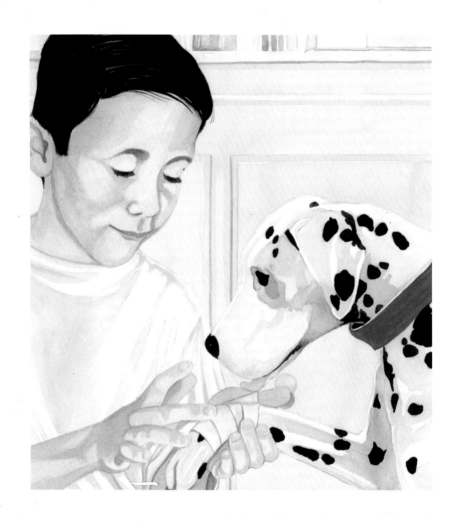

¡ASÍ SOY YO!